En tu única vida ¿De qué no te quieres perder?

Una propuesta de
Odin Dupeyron

DIANA

Agradecemos a Ale Álvarez Fraustro, Ana Lorena Pérez Ríos, Gastón Fentanez, Idalia Damián, Laura Rodríguez, Valeria Pérez Ríos y a Odin Dupeyron, por compartirnos un poco de lo que no se han querido perder en imágenes.

Diseño de interiores e ilustraciones: Ramón Navarro / Estudio Navarro
Diseño de portada: Laura María Rodríguez y Ramón Navarro

Impreso en los talleres de Litográfica Ingramex, S.A. de C.V.
Centeno núm. 162-1, colonia Granjas Esmeralda, Ciudad de México
Impreso y hecho en México - *Printed and made in Mexico*

A B.J. Brksp
Por ser... de lo que no me
podía perder.

- Julio 25, 2013 -

ANTES NO ERA.
HOY SOY.
MAÑANA, NO SERÉ MÁS.
¡NO HAY TIEMPO QUE PERDER!

O. DUPEYRON

INTRODUCCIÓN

Todos tenemos una hora. Todos tenemos fecha de caducidad. No nos la vemos, pero la tenemos. No sabemos el lugar ni la forma, no sabemos el día, el mes o el año, mucho menos sabemos la hora... pero, sabemos –aunque no lo queramos saber– que todos, absolutamente todos, tenemos una ineludible cita con la muerte, una hora específica en la que... inevitablemente dejaremos de ser. Sí, todos tenemos una hora.

Corto es el viaje del vientre a la tumba. Y lo que a mí más me ha preocupado desde que tengo uso de razón es: ¿Qué voy a hacer con esta única oportunidad? ¿Qué quiero hacer con estos (no sé cuántos –ojalá sean muchos–) años que estaré aquí, entre las maravillas y los horrores de este mundo, entre las risas y el llanto, entre las alegrías y el drama, entre las montañas y los abismos? No me preocupa cuánto tiempo tenga, me preocupa más ¿qué haré con lo que sea que tenga de tiempo?

Una de las muchas razones por las que yo creo que la gente es infeliz –porque hay muchas– pero una de tantas, es porque la gente se da cuenta (tarde) de que la vida es corta, porque cuando al fin abren los ojos ya no queda mucho tiempo. Porque cuando quieren recobrar la vida desperdiciada ya no tienen la fuerza, las posibilidades, la salud o el tiempo.

No hablo de salir a hacerlo todo, comerlo todo, viajarlo todo, probarlo todo. Hablo sólo de saber ¿A ti, qué te hace feliz? ¿A ti, qué te llena? Tú (no tu papá, no tu mamá, no tu rabino o tu sacerdote o tu guía o jerarca espiritual. No tu Dios, no tu comunidad, no tus amigos, no tus maestros, no tus hijos) tú, tú, tú... en tu única vida ¿qué quieres tú para ti?

Tenemos una vida que por muy larga que sea... es corta y, que por muy lento que pase... es rápida. En un cerrar y abrir de ojos yo tuve 40 años y me imagino que en otro cerrar y abrir más tendré 80 y luego en un cerrar y nunca más abrir... dejaré de estar aquí. Es tan cierto y suena tan feo que por esa razón tendemos a evadir el tema, pero como yo lo veo, mientras más conscientes estemos de que la muerte nos espera, más aprovecharemos el tiempo en el que logramos burlarla.

En el año 2010 escribí y monté una obra de teatro llamada "Veintidós Veintidós" y el lema de esa obra era precisamente "Todos tenemos una hora" y debajo de esta frase preguntaba "En tu única vida... ¿de qué no te quieres perder?" La idea de este libro nace justamente de haberme dado cuenta de lo mucho que esas dos frases movían a la gente a pensar, a preguntarse y a preguntar a la gente cercana: ¿De qué no te quieres perder mientras estás vivo?

Este no es sólo un libro, es una propuesta; es una guía que puede, humildemente, ayudarte no sólo a pensar en ideas que tal vez no habías pensado o recordar las que ya habías pensado antes, no sólo puede, humildemente, ayudarte a poner en orden algunas ideas y tomar prestadas otras, sino que este libro pretende, humildemente, ayudarte a tener una mejor estrategia de vida, un mejor aprovechamiento de tus años, una mejor calidad para tu tiempo y, a la larga, una forma mejor de replantearte y planear tu paso por el mundo. Este libro pretende, en fin, ser una herramienta más para que tomes un poco mejor las riendas de tu única e irrepetible vida.

En las hojas de este libro encontrarás una serie de preguntas que te plantearán cosas qué hacer, o qué pensar, o qué decir. Con algunas preguntas seguro te sentirás más identificado que con otras, pero al fin todas, creo, podrán mover algo en ti. Incluso la pregunta que menos te interese te ayudará a saber claramente... lo que no te interesa.

Antes de lanzarme a asegurar nada, hice el ejercicio en mi oficina, pasé el cuestionario a todo mi equipo de trabajo: empecé con Alejandra, mi asistente, mi mano derecha, la jefa de mi cuartel y la directriz del grupo; y terminé con Hugo, nuestro joven y entusiasta "office boy", que le entra a lo que haya que entrarle, desde lavar coches hasta ejercer de mi guardaespaldas. También contestó Laura mi diseñadora colombiana fogosa que odia los puntos suspensivos y me refuta todo, Ernesto nuestro más reciente todólogo, Ahuizotl y Nailotl mis dos editores que curiosamente se llaman parecido aunque uno es de Puebla y el otro es defeño. Contestó Magda mi recepcionista, que antes fuera dueña de su propio negocio y Ana la asistente a la dirección, una luchona madre soltera de una hermosa pequeñita. Contestó Idalia mi generadora de contenidos, queretana, chelista y arreglista musical, Gastón el coordinador creativo de mi grupo, que además es diseñador y estudió cine, y finalmente Gloria, la desarrolladora de nuevos proyectos que, al cierre de esta introducción, ya no trabaja más con nosotros (pos las relaciones –las amorosas y las de trabajo– también tienen fecha de caducidad). Lo que quiero decir pues, es que contestaron de chile, dulce y de manteca; de diferentes posturas ante la vida, de diferentes pasados, historias, niveles económicos, religiones, sexualidades y posturas políticas. Todos hicieron la tarea y todos se aventaron a ser lo más honestos... y al final cuando llegaron las respuestas... la idea de este libro se me confirmó. No pensamos lo suficiente en lo que queremos, en lo que somos y a veces no nos damos el necesario espacio a la reflexión. Postergamos, postergamos, postergamos hasta que nos damos cuenta de que la mitad de la vida ya pasó. Muchos en mi equipo se replantearon cosas al contestar las preguntas. El libro funcionó en mi equipo, estaba ya seguro que funcionaría con los demás.

Luego, leer las respuestas de mi gente, me hizo replantearme cosas sobre mí, mi vida y mis gustos, incluso algunas respuestas me ayudaron... o a espejearme o a ubicarme. Así que, tras vivir yo la experiencia, quise compartirla contigo. Decidí pues agregar tres o cuatro respuestas nuestras a las listas que encontrarás a continuación esperando que puedan causar el mismo efecto en ti. También dejé al final unas cuantas hojas en blanco para las preguntas que pienses tú para ti. ¡Ah! Y si quieres compartir tus ideas y experiencias conmigo, tal vez pueda agregarlas en una nueva edición de este libro, sería fantástico.

Puedes mandármelas a nomequieroperder@grupo-odindupeyron.com o compartirlas con todos en Twitter con #NoMeQuieroPerder para que los que hayan leído este libro las encuentren también. Por último, cuando le enseñé el proyecto a mi querida amiga Jackie Gibbs, me hizo una pregunta que me puso a pensar: "¿Y la fecha para cumplir lo que uno se propone?" y tiene razón. Una meta sin una fecha es nomás un sueño, (que se vale soñar, por supuesto, de hecho hay preguntas en este libro que son utópicas y seguro habrá respuestas utópicas también) pero como en la pregunta de Jackie hay algo de razón, pensé en poner un espacio con la pregunta "¿cuándo?"

Hasta ahí íbamos bien, pero luego Alejandra e Idalia se pusieron como locas y a sentirse presionadas por cumplir la fecha límite del viaje a África: Idalia ya no sólo se estaba preguntando "¿cuándo?" sino que ya estaba en "¿con quién? ¿por qué con esa persona? ¿cómo? ¿de dónde voy a sacar el dinero? ¿dónde me voy a hospedar? ¿y si me da malaria?" Así que entonces decidí mejor no agregar el "¿cuándo?" pero sí mencionarte aquí en esta introducción (y en nombre de Jackie) que, si tú quieres, si no te presiona mucho, si no te pones como las locas de Alejandra e Idalia, entonces pon a un ladito de lo que escribes cuándo quieres realizarlo. No tiene que ser una fecha impuesta y exacta, puede ser "antes de los 40", "antes de que acabe este año", "en cuanto me jubile" o "antes de que se me caiga el pelo, o las carnes" (pasa, pregúntenme a mí por el pelo, y por las carnes a Alejandra y a Idalia).

Aquí acaba la introducción y mi trabajo, el resto depende de ti. Deseo en verdad que estas hojas te muevan, te sirvan, te sean útiles y se conviertan en una buena herramienta para ti. Tómate el libro con calma, no es examen, no hay tiempo récord ni tiempo límite, no hay respuestas correctas o incorrectas. Y sirve más si eres honesto y claro y contestas sin tapujos, sin miedos y sin juzgarte. Se trata de soltar tu mente y ver qué sale. No pienses en las posibilidades que tengas de realizar lo que escribes, no te detengas a cuestionar lo posible, lo imposible o lo utópico de tus respuestas; sólo deja salir lo que hay en tu cabeza, en tu corazón o en lo más profundo de tus deseos. Está perfecto si pones que "quieres viajar a la Luna", igual –por ahora– no puedes, pero al menos sabrás algo más de ti... y ¿quién sabe? ¡A lo mejor un día! Y si no, fantasear sobre la Luna también es sano. Una vez que hayas sacado todo, podrás saber las posibilidades que tienes de realizar lo que sueñas y tal vez te sorprendas de lo fácil que resulta hacer lo que ni sabías que deseabas. Y más allá de eso, habrá veces que te preguntes por qué deseas lo que deseas.

Suerte en el viaje de este libro y espero que sea tan revelador para ti, como lo fue para nosotros.

Hasta la próxima... mientras estemos vivos.

ODIN DUPEYRON

¿EN QUÉ TE GUSTARÍA GASTAR UN MES COMPLETO DE SUELDO?

Nosotros:

 1 En comprar una bici de bambú.

 2 En todo el equipo necesario para irme de campamento.

Tú:

 3 En un fin de semana con mi hija y mi esposa comprándonos todo lo que nos guste, sin preocuparnos por las deudas.

¿EN QUÉ VECINDARIO QUIERES VIVIR?

A

• De la Ciudad de México, en la Roma, frente a la plaza Río de Janeiro en el edificio naranja que construyeron los británicos.

B

C

• En Theater District en NY.

• En la zona centro de San Cristóbal de las Casas en Chiapas.

Pega algo relativo al lugar para inspirarte a lograrlo. Puede ser la hoja de un árbol, una foto, tierra, una postal, un boleto... lo que quieras.

¿QUÉ DEPORTES QUIERES PRACTICAR?

Nosotros:

○ Ninjitsu

○ Patinaje sobre hielo

○ Golf

○ Hockey

○ Ballet

○ Kitesurfing

○ Parkour

○ Rugby

○ Skateboarding

○ Canotaje

○ Tenis

○ Squash

○ Futbol de playa

○ Waterpolo

○ Gimnasia artística

○ Motocross

Como pueden ver, y como les dije en la intro, en mi equipo hay de tooodo. Odin

Tú:

¿A DÓNDE TE GUSTARÍA VIAJAR?

Nosotros.

A Verona, Italia.

A la Patagonia, Argentina.

A Cancún y a Brasil a los carnavales.

Pega una foto o algo que represente tu respuesta.

¿QUÉ DEUDAS QUIERES SALDAR?

 **Nosotros:**

 La que tengo con ICETEX (entidad del Estado Colombiano que promueve la educación superior a través del otorgamiento de créditos).

 Quiero saldar la deuda que tengo conmigo de ocuparme más de mí que de los demás.

 La que tengo con mi querida madre que siempre me ha apoyado.

Tú:

_____
_____
_____

_____
_____
_____
_____
_____

Por si abriste el libro aquí y no leíste la intro, justo lo que pretende este libro es que al final de tu vida no tengas casi ninguna deuda contigo mismo, o de perdida, que sean las menos. Odin

¿EN DÓNDE QUIERES TRABAJAR?

 Nosotros:

▶ EN EL CAMPO.

▶ EN UN MUSEO.   ▶ EN PIXAR.

Tú:

¿DE QUÉ PREJUICIOS TE QUIERES DESHACER? Nosotros:

- De catalogar a la gente por su forma de vestir.

- De pensar que alguien es cerrado de mente porque es religioso.

- De pensar que una mujer es menos exitosa o menos inteligente por decidir dedicarse a ser madre y ama de casa.

Te dejamos un espacio grande para que te quites de muchos que nomás estorban. Odin

¿A DÓNDE QUIERES IRTE DE FIN DE SEMANA? Nosotros:

✖ Al jardín surrealista en Xilitla, San Luis Potosí.
✖ A las costas de Los Cabos a fotografiar ballenas.
✖ A ver a mi papá que casi nunca veo.

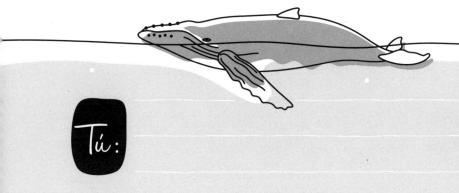

Tú:

¿DE QUÉ TE GUSTARÍA PLATICAR CON UN PERFECTO DESCONOCIDO?

 **Nosotros :**

* ✖ De qué hace en sus ratos de ocio.
* ✖ Que me cuente su vida.
* ✖ De qué piensa sobre mí basado en la primera impresión.

 **Tú :**

¿EN LOS CONCIERTOS DE QUÉ ARTISTAS QUIERES ESTAR?

Tú :

Nosotros :

- ✖ De Peter Gabriel y de Kylie Minogue.
- ✖ De Madonna y de Muse.
- ✖ En los de Imagine Dragons y de Juan Gabriel en un palenque.

¿EN DÓNDE QUIERES DAR UN BESO APASIONADO?

Nosotros:

* En un bosque, de noche y lloviendo.
* En lo alto de la Torre Eiffel.
* En un concierto de Trevor Reilly, en la canción "Down With the Underground" justo en la parte donde entra el violín.

Tú:

¿EN DÓNDE QUIERES ESCRIBIR TU NOMBRE?

Nosotros:

- En el aire, tomar una foto mientras escribo mi nombre con luz.
- En la Luna.
- En una piedra en el Tíbet.

Tú:

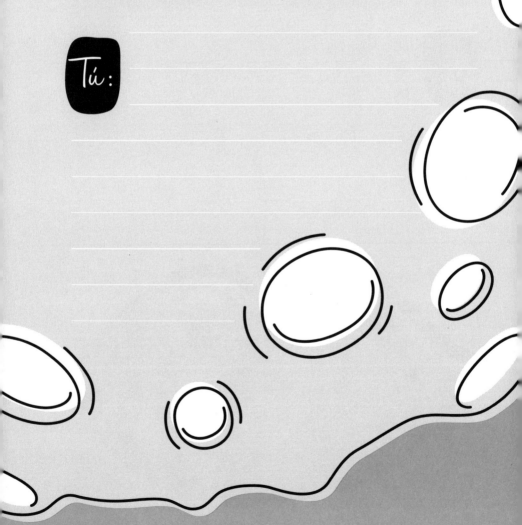

¿QUÉ CIUDADES QUIERES VISITAR?

Nosotros:
* ✖ Guadalajara, Río de Janeiro, Sao Paulo, Collonges la Rouge en Francia y Zacatecas.

✖ Vancouver, Los Angeles y Chichen Itzá.
✖ Nueva York, Londres y Machu Picchu

Ok, siempre que veas este cuadro puedes pegar algo que represente tu respuesta, como una foto o un recorte. Aunque también puedes dibujarlo, claro.

¿EN QUÉ ASPECTOS QUIERES SER MÁS PACIENTE?

 **Nosotros:**

 Cuando la gente es egoísta y no contempla que no vive sola en la ciudad sino que vive en sociedad.

 Necesito más paciencia para tratar con gente que ve todo de color negro.

 Cuando me dan consejos que no pedí.

Tú:

_____

_____

_____

_____

_____

_____

_____

_____

_____

_____

¿QUÉ ACTIVIDAD ARTÍSTICA TE GUSTARÍA DESARROLLAR? * DANZA TÍPICA REGIONAL. * APRENDER LA TÉCNICA PROFESIONAL DE FOTOGRAFÍA CON PELÍCULA. * ESO DE HACER ESCULTURAS DE FIERRO, MADERA O PLASTILINA.

Tú:

El arte te transmite, te hace sentir, vibrar, cuestionarte, conocerte, reflejarte. Siempre estaré a favor del arte útil para la vida. Odin

¿QUÉ REGALOS TE QUIERES DAR?

Nosotros:

* Comer en muy buenos restaurantes y poder viajar dos veces al año.
* Un fin de semana con mi esposo, en una cabaña con chimenea.
* Inscribirme a un gimnasio, ir con un nutricionista y una Macbook Pro.

1

2

3

4

¿QUÉ QUIERES HACER PARA PODER AHORRAR DINERO CADA MES?

Nosotros :

* Dejar de complacer todos y cada uno de los caprichos de mi pareja.
* Trabajar los fines de semana
* Dejar de comer comida chatarra, garnachas, golosinas, comida rápida, dejar de fumar, dejar de comprar cosas que no necesito.

Tú :

¿QUÉ NEGOCIO QUIERES EMPRENDER?

- ✖ Un vivero.
- ✖ Una cafetería tradicional como las que existían antes de Starbucks.
- ✖ Una tienda de tenis y ropa, por ahora, y a futuro, una casa productora multimedios.

Tú:

_____

_____

_____

_____

_____

_____

_____

_____

_____

_____

_____

_____

_____

QUÉ INSTRUMENTOS MUSICALES QUIERES APRENDER A TOCAR

Nosotros:

* Guacharaca (güiro) y maracas.
* El fagot, el contrafagot y el trombón.
* La quinta, la jarana, el banjo y el ukulele.

¿A QUÉ LUGARES QUIERES VIAJAR SOLO?

 Nosotros:

✖ A Nueva Zelandia a explorar.
✖ A Río de Janeiro a los carnavales.
✖ A Suiza a estar tranquila.

Si vas solo, tons acá va la selfie. Odín

¿DE QUÉ FORMA QUIERES AYUDAR A UN EXTRAÑO?

 **Nosotros:**

Tú:

* Colaborando en la construcción de casas para desplazados.
* Adoptando niños en children.org
* Llevando ropa y alimentos a centros de acopio en situaciones de contingencia.
* Regalando boletos para ver algún espectáculo a alguien que no tenga los recursos.

¿QUÉ ESTILOS DE BAILE QUIERES APRENDER?

Nosotros:

- ✖ Breakdance y danza contemporánea.
- ✖ Salsa y rock & roll.
- ✖ Tango y danzón.

Tú:

¿A QUÉ AMIGOS DEL PASADO QUIERES REENCONTRAR?

Nosotros:

✖ Carolina Bueno, mi amiga de la infancia que dejé de ver cuando me cambié de casa a los 10 años.

✖ Mi amiga Yolanda Nájera que dejé de ver porque me hice novia de su hermano, terminamos mal y no volví a saber de ella.

✖ A mi gran amiga Gaby que dejé de ver después del terremoto del 85, porque su familia se la llevó a vivir a Tapachula.

Tú:

¿A QUÉ LUGARES NO

Nosotros: * A París. * A Las Vegas. * No me importa viajar sola.

QUIERES VIAJAR SOLO?

 Tú: _____
_____
_____

Puedes dibujar tus respuestas en el mapa y de paso reafirmas
tus conocimientos de Geografía. Odin

¿QUÉ CARRERA UNIVERSITARIA TE GUSTARÍA ESTUDIAR?

 **Nosotros:**

✖ Psicología y matemáticas.
✖ Puericultura y Pedagogía.
✖ Antropología o Geología.

Tú:

¿QUÉ CONSEJOS NO VOLVERÁS A SEGUIR?

Tú:

Nosotros:

- ✖ ¡Sal con él! ¡Prueba! (Leer con voz de amiga fastidiosa).
- ✖ Más vale pedir perdón que pedir permiso.
- ✖ Todos los que no pedí y por idiota hice caso.

¿SOBRE QUÉ ANIMALES QUIERES DAR UN PASEO?

Nosotros : ✖ Dromedario y avestruz. ✖ Sobre una cebra. ✖ Sobre un león o una ballena.

Tú :

¿A QUIÉN QUIERES PERDONAR?

Nosotros :

- ✖ A mi ex pareja que al separarnos me dejó sólo mis calzones.
- ✖ A mi tía María Elena que como es demasiado religiosa me condena, cada que puede, a vivir eternamente en el infierno.
- ✖ A mi padre.

Tú :

¿QUÉ QUIERES TATUARTE Y EN QUÉ PARTE DEL CUERPO?

 :

* Plantas e insectos en la espalda.
* Una estrella en el hombro y un pez en un muslo.
* En el pecho del lado izquierdo la cara de mi hija y en la espalda a mis padres.

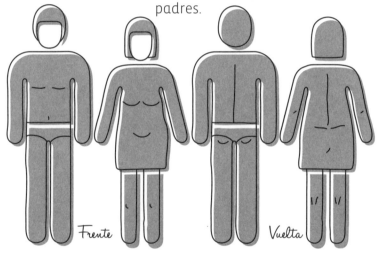

Frente   Vuelta

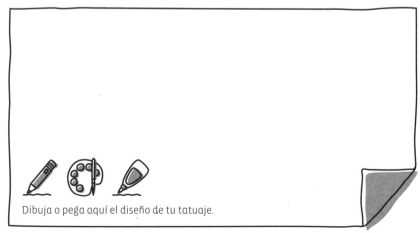

Dibuja o pega aquí el diseño de tu tatuaje.

¿QUÉ OFICIOS QUIERES APRENDER?

Nosotros:

* Jardinería y bricolaje.
* Cosmetología.
* Mecánica automotriz y alfarería.

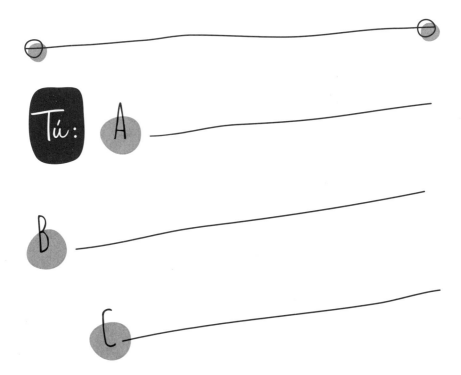

Tú:

A

B

C

¿QUÉ EVENTOS MUNDIALES QUIERES PRESENCIAR?

 Tú:

Nosotros:

- ✖ Los Juegos Olímpicos en vivo.
- ✖ El fin del hambre.
- ✖ Sonará ridículo pero yo, como las reinas de belleza, quiero presenciar la paz mundial...

¿EN QUÉ QUIERES CONFIAR?

Nosotros:

* ✖ En que la gente puede ser buena.
* ✖ En que todo, por malo que sea, va a terminar.
* ✖ En que voy a poder salir adelante con mi familia.
* ✖ En que tendré una muerte placentera.

Tú:

¿QUÉ AUTOMÓVILES QUIERES TENER?

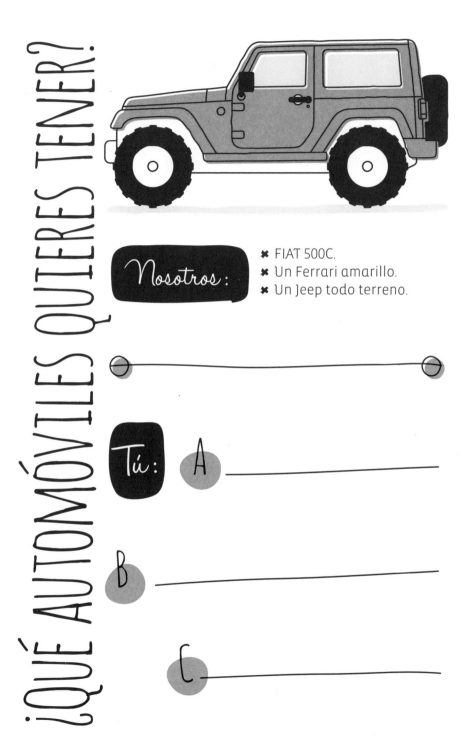

Nosotros:
- ✖ FIAT 500C.
- ✖ Un Ferrari amarillo.
- ✖ Un Jeep todo terreno.

Tú:

A _____

B _____

C _____

¿EN DÓNDE QUIERES ACAMPAR?

 **Nosotros:** ▶ EN ALGUNA TERRAZA DE UN EDIFICIO ALTO Y EN UNA MONTAÑA BOSCOSA CON MUCHO FRÍO.

▶ EN PEÑA DE LOBOS EN JILOTZINGO, EDO. MÉX.

▶ EN MEDIO DE PALENQUE, EN CHIAPAS.

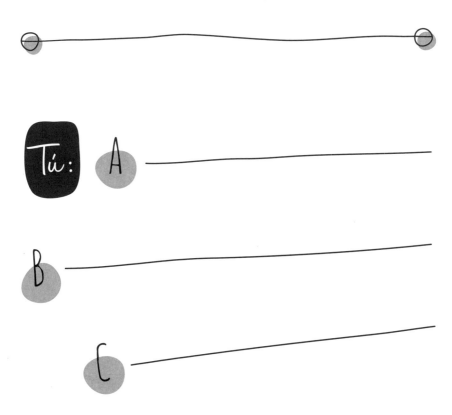

Tú:

A ———————————————

B ———————————————

C ———————————————

¿A QUÉ CAUSAS SOCIALES TE QUIERES UNIR?

Nosotros:

* A la conservación de especies en peligro de extinción.
* Protección y cuidado para personas en situación de calle.
* Promover la adopción de perros callejeros y que la gente deje de comprar mascotas.

Tú:

¿QUÉ BARES QUIERES VISITAR?

 **Nosotros:**

* El Icebar en Estocolmo, Suecia o si no el Artic bar en la Condesa.
* El Mina Club en Zacatecas que está a 180 metros bajo tierra.
* El Bar Dada en Escocia.

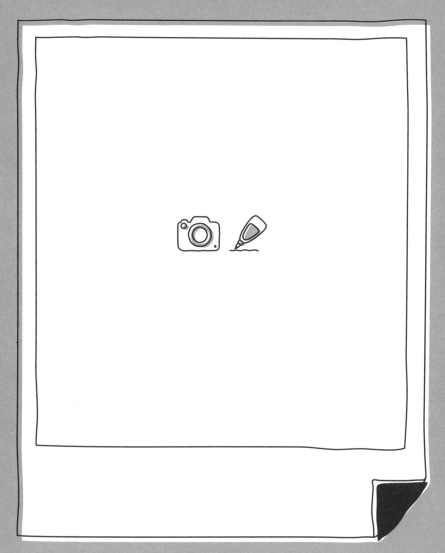

¿A DÓNDE QUIERES ESCAPARTE CON TU PAREJA?

Nosotros:

* A UNA CABAÑA EN PEÑAS CARGADAS EN HIDALGO.
* A VERONA, ITALIA.
* A NANCIYAGA, EN CATEMACO, VERACRUZ.

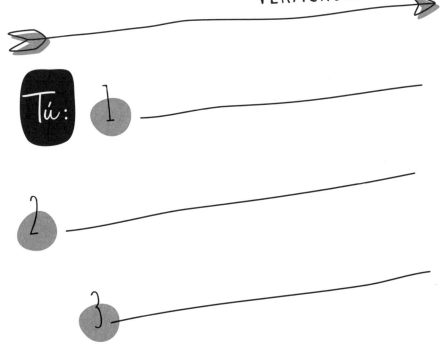

Tú:

1.
2.
3.

Un poco de arte XXX nos cae bien a todos. ¡Inspírate! Odin

¿A QUIÉN QUIERES INVITAR A BAILAR?

Nosotros:

¡CENSURADO!

Tú:

* A dos amigos colombianos con los que me divertía a montones bailando: Andrés y Camilo.
* A mi papá.
* A un stripper que me baile durante muchas horas.

¿QUÉ PAÍSES DE ÁFRICA QUIERES VISITAR?

 **Nosotros :**

✖ Sudáfrica, Madagascar, Senegal y Sierra Leona.
✖ Egipto y Zambia.
✖ Somalia y Mali.
✖ Ninguno, no me interesa.

Tú :

Aquí sí estoy un poco perdido en Geografía... Odin

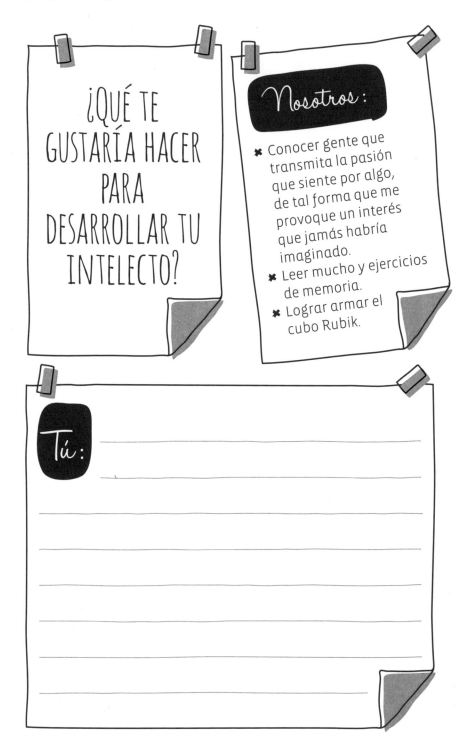

¿QUÉ TE GUSTARÍA HACER PARA DESARROLLAR TU INTELECTO?

Nosotros:

✖ Conocer gente que transmita la pasión que siente por algo, de tal forma que me provoque un interés que jamás habría imaginado.
✖ Leer mucho y ejercicios de memoria.
✖ Lograr armar el cubo Rubik.

Tú:

¿DE QUÉ MANERA TE GUSTARÍA DESCANSAR?

✖ Flotando en un cenote.
✖ Bajo la sombra de un árbol en la ladera de una montaña con una vista increíble.
✖ En un colchón en medio del bosque.

Nosotros:

Tú:

¿CÓMO QUIERES HACER REÍR A LA GENTE?

Nosotros:

* Enseñándole a reírse de sí misma.
* Con una buena anécdota de la vida real.
* Satirizando las tragedias.

Tú:

_____
_____
_____
_____

_____
_____
_____
_____
_____
_____

¿QUÉ BEBIDAS QUIERES PROBAR?

Nosotros:
- ✖ Absenta y las diferentes cervezas del mundo.
- ✖ Un Bellini y un Alexander.
- ✖ La ayahuasca (soga de la muerte).

Tú:

¿A QUÉ ACTIVIDADES EXTREMAS TE QUIERES AVENTURAR?

Tú:

Nosotros:

* Paracaidismo.
* Surfing y rafting, aunque primero tengo que aprender a nadar.
* Montañismo.

Congratúlate por tus huevos para presentarte a tus citas con el destino ¡y aventarte! Odin

¿CON QUÉ CELEBRIDAD TE GUSTARÍA TENER SEXO?

Nosotros:

✖ Ya murió, pero Umberto Eco, estoy a favor de "follarse las mentes".
✖ Robert Downey Jr. y Clive Owen.
✖ Julie Andrews y Meryl Streep.

Tú: _____
_____

¿QUÉ QUIERES REGALARLES A TUS SERES QUERIDOS? Nosotros:

* Tiempo y calidad de vida.
* Me encantaría poder regalarle salud a mi papá.
* A mi mamá, un viaje a Roma para que vaya al Vaticano.

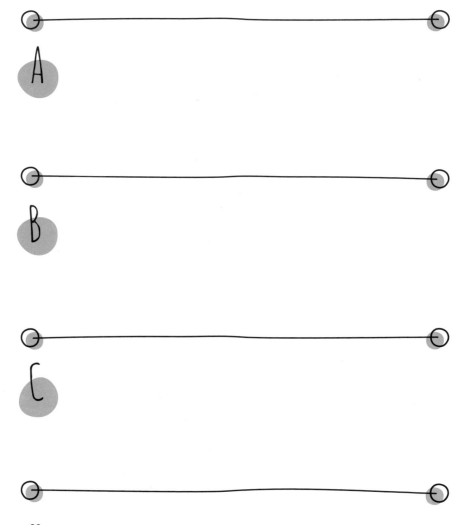

A

B

C

¿QUÉ RECORRIDOS EN BICICLETA QUIERES HACER?

Nosotros:

* Quiero primero hacer el recorrido de mi casa a la oficina y de vuelta. Más adelante, ir a Tres Marías.
* La ruta ciclista "Las Cascadas" en la zona de Chiluca, Edo. Méx.
* Recorrer el Puente Solidaridad, que está en Ciudad del Carmen, Campeche.

Tú:

¿CON QUIÉN QUIERES CORTAR RELACIÓN?

Nosotros:

* Con personas que se quejan todo el tiempo.
* Con la familia de mi esposo, me casé con él, no con ellos.
* Con mi madre, la verdad me ha hecho muy difícil la vida.

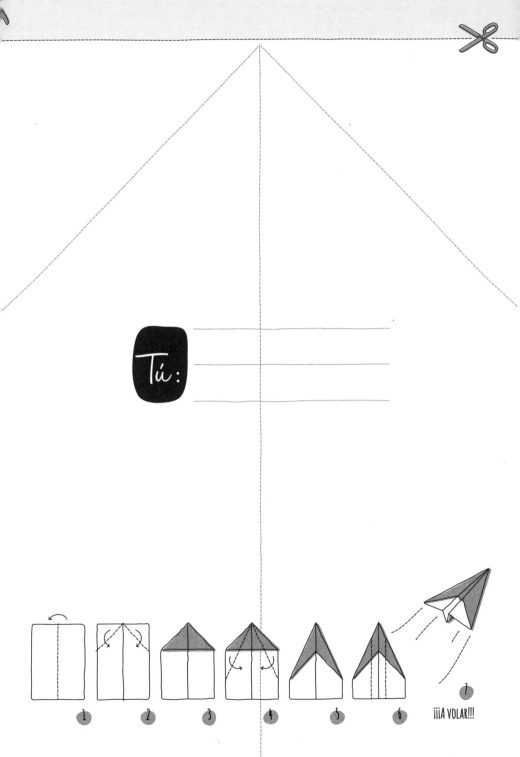

Tú: _____

¡¡¡A VOLAR!!!

¡A chingar a su madre!

¡A chingar a su madre!

¡A chingar a su madre!

¡A chingar a su madre!

¿A QUIÉN LE QUIERES DAR UN BUEN CONSEJO Y CUÁL SERÍA? *Nosotros:*

* A mi novio, ¡que se relaje!
* A mis hijos: No hay nadie más importante en el mundo que tú mismo, demuéstrale al mundo cuánto eres y cuánto vales y que no hay precio para ti ni para tus ganas de vivir.
* A mi hermano, que deje de ser mediocre, que no se rinda y luche por todo lo que quiere en la vida... que nunca se detenga.
* A mí cuando era adolescente: di que sí y no tengas miedo.

Tú:

¿QUÉ PAÍSES DE AMÉRICA QUIERES VISITAR?

Nosotros:
- ✖ Perú, Bolivia y Cuba.
- ✖ Brasil y Canadá.
- ✖ Estados Unidos y Bahamas.

Tú:

¿CON QUIÉN QUIERES RECONCILIARTE?

Nosotros:
- ✖ Con una ex novia que recién se divorció.
- ✖ Con mi única hermana.
- ✖ Conmigo mismo.

Tú:

_____

_____

_____

_____

_____

_____

_____

_____

_____

_____

_____

_____

_____

_____

¿QUÉ ACCIONES QUIERES TOMAR PARA TENER UNA VIDA MÁS SALUDABLE?

 **Nosotros:**

✖ Comprarme una bici para desplazarme.
✖ Dejar de usar el coche y caminar más.
✖ Meterme a un gimnasio y no abandonarlo en el primer mes.

¿QUÉ ACTIVIDADES PARANORMALES QUIERES PRACTICAR?

Nosotros:

* Una sesión de psicomagia.
* Un viaje astral.
* Presenciar un exorcismo.
* Pasar una noche en el hotel embrujado de Veracruz o en el de Zacatecas.

Tú:

¡SÁLVATE TÚuuuu!

¿QUÉ ACTIVIDADES TE GUSTARÍA HACER DESNUDO?

Nosotros:

✖ Caminar en un parque y asolearme.
✖ Correr un maratón aunque me duelan las bolas.
✖ Ir a un bar nudista.

_____

_____

_____

_____

Esto ya lo he dicho algunas veces: Yo escribo mejor encuerado. Odin

¿QUÉ ANIMALES QUIERES DEGUSTAR?

 **Nosotros:**

✖ Los gusanos del amazonas.
✖ El venado y la iguana.
✖ El zorrillo y el chango en Catemaco.

¿QUÉ ARREGLOS QUIERES HACERLE A TU CASA?

Nosotros:

- ✖ Organizar los condimentos en gavetas.
- ✖ Quiero hacer un jardín en el balcón.
- ✖ Pues nada importante porque rento.

Tú:

¿QUÉ PARTES DE TU CUERPO QUIERES CAMBIAR MEDIANTE CIRUGÍA

Nosotros :

* La miopía persistente y tal vez la nariz.
* La verdad, las chichis.
* Por el momento me siento bien conmigo mismo, pero quizá al paso del tiempo, me levante lo que se me vaya cayendo.

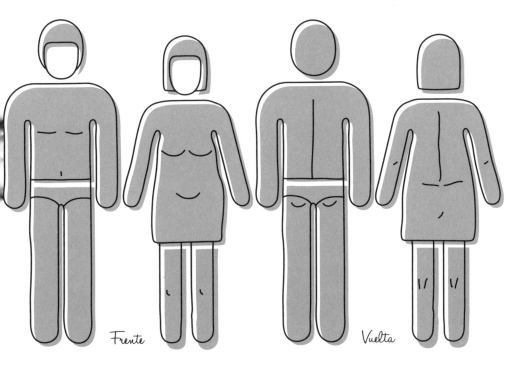

Frente   Vuelta

Aunque no lo crean, yo no me quiero poner pelo. Odin

¿A QUIÉN TE GUSTARÍA TENER COMO AMIGO?

 **Nosotros :**

- ✖ A Rubén Fontana y a Banksy.
- ✖ A Hans Zimmer.
- ✖ Definitivamente a Carmen Aristegui.

¿QUÉ ESPECTÁCULOS DE LA NATURALEZA QUIERES PRESENCIAR?

* La bioluminiscencia y que nazcan las plantas que he sembrado.
* Una lluvia de estrellas, una aurora boreal y las cataratas del Niágara.
* La erupción de un volcán y un tornado en Alabama.

Tú :

¿QUÉ SUCESOS PASADOS QUIERES LLORAR?

Nosotros:

CUANDO NACIÓ
MI HIJA.
MI DIVORCIO.
CUANDO QUEBRÓ
MI NEGOCIO.

Tú:

¿QUÉ PAÍSES DE ASIA Y OCEANÍA QUIERES VISITAR?

Nosotros:

▼ CAMBOYA, SAMOA Y
▼ VIETNAM.
▼ ARABIA SAUDITA Y LAS
ISLAS SALOMÓN.
AUSTRALIA.

Tú:

Aquí ya mejor ni mapa pusimos.

¿CÓMO QUIERES SER RECORDADO?

 Nosotros:

✖ Como alguien feliz y realizado porque disfrutó cada instante de su tiempo.
✖ Por las innovaciones que implemento en mi profesión.
✖ La verdad no me interesa la forma en que la gente me va a recordar, si es que me recuerda.

Tú:

¿EN DÓNDE QUIERES MORIR?

Nosotros:

- ✖ Cerca de mis seres queridos llena de amor.
- ✖ En cualquier lugar, menos en mi casa.
- ✖ En el campo, lejos de la modernidad.
- ✖ En mi cama después de acostarme a dormir.

Tú:

¿QUÉ QUIERES ENSEÑAR?

✖ Quisiera volver a enseñar cine.
✖ Enseñar a la gente a encontrarse consigo misma para ser lo más plena posible.
✖ Que nada es tan importante como para tomarse tan en serio.

Tú:

¿QUÉ PELÍCULA QUIERES VOLVER A VER?

 **Nosotros:**

- ✖ *Citizen Kane,* hace mucho no la veo.
- ✖ No sé cuál sea pero, me gustaría volver a ver la primer película que vi en el cine, en mi vida.
- ✖ *The Red Shoes* de Powell y Pressburger de 1948.

Tú:

¿QUÉ PODRÍAS HACER PARA AHORRAR AGUA?

 **Nosotros :**

✖ No bañarme... o revisar siempre que deje las llaves bien cerradas.
✖ Sistemas para reutilizarla.
✖ Bañarme en pareja.

¿QUÉ PASATIEMPOS QUIERES DEJAR DE POSTERGAR? Nosotros:

- ✖ Practicar la armónica, extraño hacerlo.
- ✖ Tomar un café con mis amigas.
- ✖ La fotografía.

Tú:

¿A QUIÉN LE QUIERES REGALAR DINERO?

Tú:

Nosotros:

* A los niños huérfanos.
* A mi hermana que está enferma.
* A mi madre para que lo gaste, sin control ni remordimiento, en todo lo que se le ocurra.

¿EN QUÉ RESTAURANTES QUIERES COMER?

Nosotros:

- En Bellini y en el que está en la Torre Eiffel.
- En Pujol, de los mejores 50 restaurantes del mundo que está en en Polanco.
- En todos los que sea posible, amo comer en la calle.

Tú:

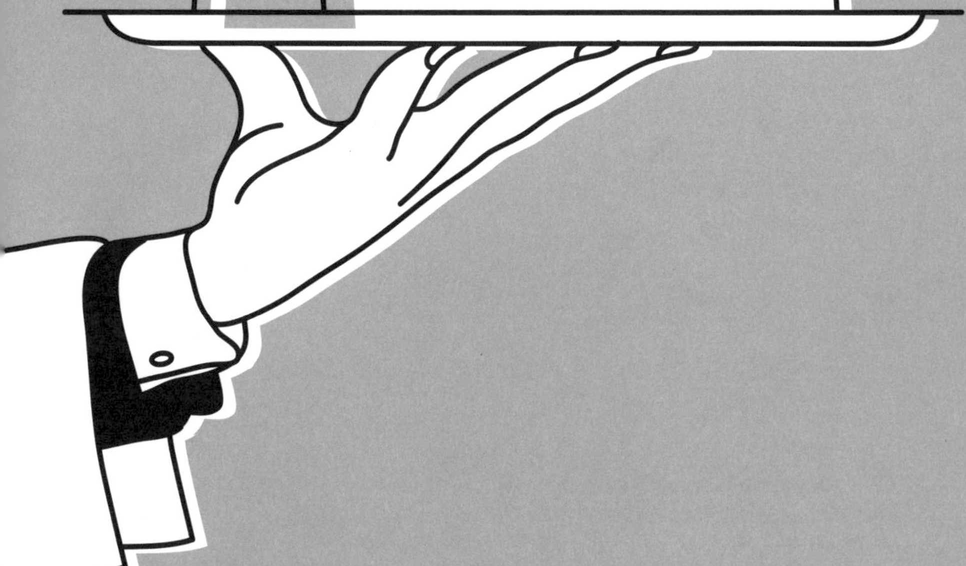

¿EN QUÉ LUGAR AL AIRE LIBRE QUIERES HACER EL AMOR?

Nosotros:

* En un bosque de pinos al atardecer.
* En un campo verde totalmente abierto.
* Justo en donde las olas llegan a la playa, algo así como Burt Lancaster y Deborah Kerr en *De aquí a la eternidad* pero gay.

Ok, no le digan a nadie, pero una vez yo lo hice en la carretera... y en la playa. Odín

¿QUÉ COSAS CARÍSIMAS TE GUSTARÍA COMPRAR?

Nosotros:

* Un Aston Martin y un collar de diamantes.
* Un viaje a la Luna con mi familia y amigos.
* Un edificio de 20 pisos o más.

Tú:

_____
_____
_____
_____
_____
_____
_____
_____
_____
_____
_____
_____
_____
_____
_____
_____
_____

¿EN QUÉ LUGAR PÚBLICO QUIERES PONERTE A CANTAR?

Tú:

Nosotros:

▲ EN EL PARQUE HUNDIDO.

▲ EN LA BARRA DE UN BAR, BORRACHA.

▲ ¿SERÁ UN CLICHÉ DECIR QUE BAJO LA LLUVIA?

¿EN QUÉ MARES QUIERES NADAR?

Nosotros:

▷ MAR CARIBE.
▷ MAR MUERTO.
▷ EN EL MAR BÁLTICO Y EN EL MAR DE BÉRING, ME ENCANTA EL FRÍO.

Tú:

¿QUÉ PAÍSES DE EUROPA QUIERES VISITAR?

Nosotros:

✖ Alemania y España.

✖ Italia, Francia y Grecia.

✖ Reino Unido, Austria y República Checa.

Tú:

¿EN QUÉ MEDIOS DE TRANSPORTE QUIERES VIAJAR? Nosotros:

✖ Barco, jet y helicóptero.
✖ Dirigible, submarino y rickshaw.
✖ En el tren que va de China al Tíbet, que es el más alto del mundo.

¿EN QUÉ CIUDADES QUIERES VIVIR?

Nosotros: ▶ QUERÉTARO, GUANAJUATO, AGUASCALIENTES Y MEXICALI.

▶ VIENA Y SAN FRANCISCO.

▶ BARCELONA, PARÍS Y NUEVA YORK.

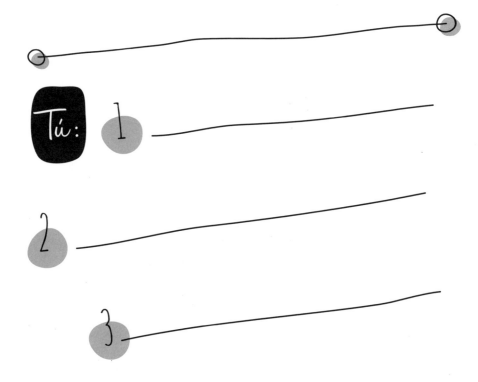

Tú: 1 _____

2 _____

3 _____

¿QUÉ MENTIRAS QUIERES CONFESAR?

Tú:

Nosotros:

* Revelarle a mi mamá que aunque lo negué, yo tomé el dinero de su monedero.
* Tengo necesidad de decirle a mi pareja que sí le fui infiel.
* No es momento de confesar nada.

¡Shhhhhh!

¿QUÉ MIEDOS QUIERES VENCER O ENFRENTAR?

Nosotros:

✖ Miedo a las alturas, creo que lo lograré si me lanzo en paracaídas.
✖ A la vejez.
✖ A pedir ayuda en la calle.

Tú:

Escribiendo en mi vida... Una historia sin miedo. Odin

¿A QUÉ LUGARES QUIERES IR DE DÍA DE CAMPO?

 **Nosotros :**

* A Los Columpios en Cuernavaca y a Los Dinamos en la Ciudad de México.
* A la orilla de un lago.
* Odio los días de campo.

A

B

C

¿EN QUÉ PARTE DEL CUERPO QUIERES HACERTE UN PIERCING?

 **Nosotros:**
- ✖ En la ceja.
- ✖ En el pezón.
- ✖ En el espacio entre los dedos índice y pulgar.

Frente

Vuelta

¿QUÉ JUEGOS DE MESA QUIERES JUGAR?

 Nosotros:
- ✖ Todos los de mesa de cantina.
- ✖ Todos los de estrategia y conocimiento.
- ✖ Basta, papelitos y pintamonos.

 **Tú:**

¿QUÉ JUGUETES SEXUALES QUIERES PROBAR?

Nosotros:

- ✖ La capucha de huevo (Tenga Egg Ona-Cap).
- ✖ El simulador de sexo oral Sqweel 2.
- ✖ Las bolas chinas.

Mientras no te lastimes, te hagas daño o te pongas en peligro... y se te antoje... ¡Disfruta! Odin

¿QUÉ LABOR SOCIAL TE GUSTARÍA HACER CON MIL PESOS? **Nosotros:**

▶ DONARLOS A UNA FUNDACIÓN O CASA HOGAR. ▶ USARLO PARA, POR UN INSTANTE, HACER REÍR HASTA LAS LÁGRIMAS A ALGUIEN EN EXTREMA DESDICHA. ▶ DONARLO A ASOCIACIONES PROTECTORAS DE ANIMALES.

Tú:

¿QUÉ LIBROS QUIERES RELEER?

Tú:

Nosotros:

- *Breve historia del tiempo* de Stephen Hawking.
- *Los pilares de la tierra* de Ken Follet.
- *Sobreviviente* de Chuck Palahniuk.

Y... ¿Colorín colorado este cuento aún no se ha acabado? Odin

¿QUÉ ESPECTÁCULOS NO TE QUIERES PERDER?

Nosotros:

▶ Un concierto dirigido por Ennio Morricone. ▶ Todos los Cirque du Soleil. ▶ Un año nuevo en Nueva York.

Tú:

UN PEQUEÑO GIRO POR SI ESTABAS CABECEANDO.

_____

_____

_____

_____

_____

_____

_____

_____

Tú:

◄ "LA CASA DE LAS BELLAS DURMIENTES"
DE YASUNARI KAWABATA.

CHARLES DICKENS.

◄ "HISTORIA DE DOS CIUDADES" DE

BENITO PÉREZ GALDÓS.

◄ "TRAFALGAR" DE

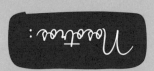

Nosotros:

¿QUÉ LIBROS QUIERES LEER?

¿QUÉ PLATILLOS QUIERES APRENDER A PREPARAR?

Nosotros:
- ▸ LASAGNA
- ▸ QUE EL ARROZ ME QUEDE BIEN
- ▸ QUE ME SALGA BIEN LA POLENTA

Tú:

_____

_____

_____

_____

_____

_____

_____

_____

¿QUÉ LUGARES QUIERES FOTOGRAFIAR?

 **Nosotros :**

✖ Los canales de Venecia, las montañas y los lagos de Escocia y la selva de Chiapas.

✖ El Potala en el Tíbet y la reserva ecológica de Madagascar.

✖ Stonehenge, las pirámides de Egipto y la muralla China.

¿A quién le quieres escribir cartas?

Nosotros:

→ A mi novia le escribiría una carta enviada por correo postal diciéndole cuánto la amo. → A una ex novia con la que terminé mal que como tiene el problema de no saber escuchar, le quiero decir lo que quedó pendiente por escrito. → A mis futuros hijos.

Tú:

¿QUÉ MANUALIDADES QUIERES HACER?

 **Nosotros:**

- ✖ Mesas de distintos materiales.
- ✖ Collares y pulseras de plata.
- ✖ Alfarería.

¿QUÉ MASCOTA QUIERES ADOPTAR?

Tú:

Nosotros: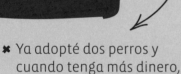

✖ Ya adopté dos perros y cuando tenga más dinero, adoptaré otro.
✖ Adoptar a varios mediante aportaciones a la WWF.
✖ Un hurón.

¿EN QUÉ PLAYAS QUIERES ASOLEARTE?

Nosotros:

* En Whitehaven en Australia y en Anguilla en las Antillas Menores.
* En Varadero, Cuba.
* En Copacabana e Ipanema en Brasil.

¿QUÉ PODRÍAS HACER PARA SER UN MEJOR CIUDADANO?

Nosotros:

▶ SER HONESTA Y PROTESTAR POR LAS DECISIONES QUE TOMEN LOS REGIDORES QUE NO ME PAREZCAN JUSTAS. ▶ UTILIZAR MENOS EL COCHE. ▶ RESPETAR. RESPETAR A MI FAMILIA, AMIGOS, CONCIUDADANOS, VIALIDADES, LEYES, NORMAS, PRINCIPIOS, PREFERENCIAS, ETC.

Tú:

_____
_____
_____
_____

¿A QUIÉN QUIERES DEJAR DE ODIAR?

Nosotros:
* ✖ A mi padre, no lo puedo perdonar.
* ✖ Quiero dejar de ver a mi hermana mayor como alguien odiable.
* ✖ He odiado, bastante, pero por el momento no odio a ninguna persona. Eso no quiere decir que mi capacidad de odiar esté atrofiada.

Tú:

¿QUÉ QUIERES HEREDARLES A TUS HIJOS?

Nosotros :

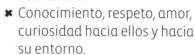

- ✖ La libertad de descubrir quiénes son.
- ✖ Pasión, entrega y una muy buena educación.
- ✖ Conocimiento, respeto, amor, curiosidad hacia ellos y hacia su entorno.

Tú :

¿QUÉ QUIERES INVENTAR?

 **Nosotros:**

✖ Personajes para una serie de animación.
✖ Algo que mágicamente, en un segundo me corte las uñas de los pies.
✖ Comida chatarra que no engorde y helado que no se derrita, pero que sepan igual de ricos.

Tú:

¿EN DÓNDE QUIERES PLANTAR UN ÁRBOL?

 **Nosotros:**

* En mi escuela primaria.
* A la mitad de una gran avenida.
* Sobre el camellón de Paseo de la Reforma.

1

2

3

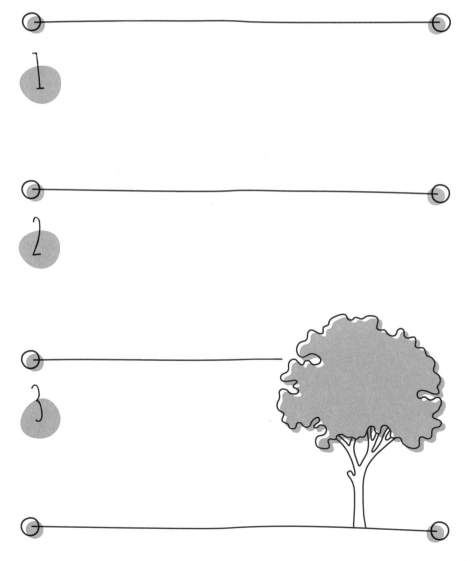

¿EN DÓNDE QUIERES QUE TE TOMEN UNA FOTO?

Nosotros:

* En las pirámides de Egipto.
* En cada pueblo mágico de México.
* En la muralla China.
* En un iceberg.

¿QUÉ PODRÍAS HACER PARA AYUDAR A NIÑOS DESAHUCIADOS EN UN HOSPITAL?

Nosotros: ▶ HACERLES REÍR MUCHO, MUCHO, MUCHÍSIMO ¡UN CHINGO! 🙂 PARA QUE ESTÉN CONTENTOS EN SU ÚLTIMO TRAMO DE VIDA. ▶ TRATAR DE CUMPLIR O SIMULAR SUS MÁS DESEADAS Y LOCAS FANTASÍAS. ▶ LA SITUACIÓN ME REBASA.

Tú: _____

_____

_____

_____

_____

¿DE QUÉ QUIERES SER ESTRELLA?

Nosotros:

- ✖ De una película porno gay.
- ✖ De rock.
- ✖ De mar.

Tú:

1 _____

2 _____

3 _____

¿QUÉ NUEVOS MÉTODOS QUIERES EMPLEAR PARA CONOCER PERSONAS?

Nosotros :

✖ Perderle el miedo a platicar con las personas que no conozco pero que están en mi mismo círculo social. ✖ Viajar sola.
✖ Serán bien recibidos los que lleguen, por el momento no saldré a buscar, ni emplearé ninguna técnica nueva.

Tú :

 # ¿QUÉ OBRAS DE TEATRO QUIERES VER?

 **Nosotros:**

* ✖ La Dama de Negro y Cats.
* ✖ Wicked y Salomé.
* ✖ Cada semestre la cartelera entera de Brodway.

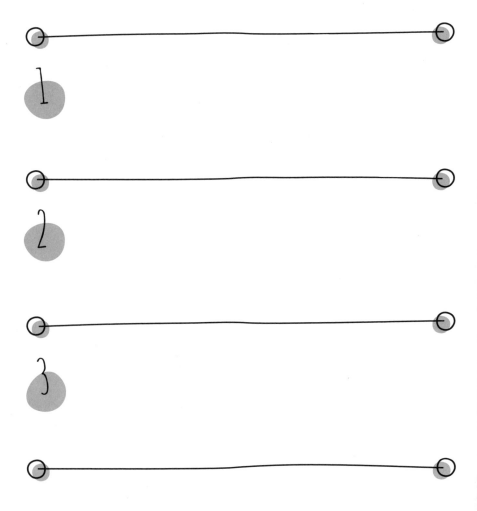

1

2

3

La que sea pero que sea de
Odin Dupeyron. Odin

¿DE QUIÉN TE QUIERES VENGAR?

 Tú:

Nosotros:

- De mi ex novia que rechazó mi propuesta de matrimonio en público.
- De mi maestro de primaria que me ridiculizó por hacerme pipí en los pantalones.
- Me quería vengar de mi suegra metiche pero la cabrona se murió.

Puedes elaborarla y nunca hacerla... o sí... Fantasear ayuda a liberar. Odin

¿SOBRE QUÉ TEMA TE GUSTARÍA ESCRIBIR UN LIBRO?

Nosotros:

* ✱ Cuentos cortos sobre los errores que cometemos al no conocernos.
* ✱ De cómo aprender a no tomarse la vida tan en serio.
* ✱ Sobre lo huevones, dejados e inexplicablemente surrealistas que somos la mayoría de los mexicanos.

Tú:

_____

_____

_____

_____

_____

Yo quiero escribir algo
de terror (algún día).
Odin

¿CUÁL QUIERES QUE SEA TU GRANO DE ARENA EN LA LUCHA EN CONTRA DE LA POBREZA? **Nosotros:** ▶ INVERTIR DE UNA U OTRA MANERA EN EDUCACIÓN. ▶ GENERAR EMPLEO A TRAVÉS DE UN NEGOCIO PERSONAL Y NO DAR LIMOSNAS. ▶ CONSUMIR PRODUCTOS DE EMPRESAS NACIONALES, PEQUEÑAS Y MEDIANAS.

Tú: _____

_____

_____

_____

_____

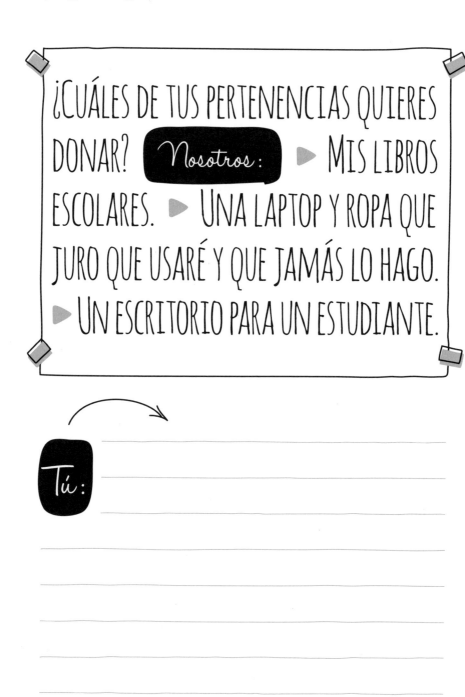

¿CUÁLES DE TUS PERTENENCIAS QUIERES DONAR? *Nosotros:* ▶ MIS LIBROS ESCOLARES. ▶ UNA LAPTOP Y ROPA QUE JURO QUE USARÉ Y QUE JAMÁS LO HAGO. ▶ UN ESCRITORIO PARA UN ESTUDIANTE.

Tú:

¿A QUÉ PERSONALI- DADES FAMOSAS QUIERES CONOCER?

Tú:

Nosotros:

* A Woody Allen, a Paul Thomas Anderson y a Quentin Tarantino.
* A Meryl Streep y a Barack Obama.
* A Nelson Mandela, pero ya no se pudo.

¿A QUÉ RASCACIELOS TE GUSTARÍA SUBIR?

Nosotros:

* Al Empire State.
* Las Torres Petronas en Kuala Lumpur y al Taipei 101 en Taiwan.
* Al Burj Khalifa y al Willis Tower de Chicago.

¿A QUIÉN LE QUIERES DAR ALOJAMIENTO EN TU CASA? Nosotros:

- ✖ A gente que ande viajando de mochilera.
- ✖ A mi mejor amiga.
- ✖ A estudiantes viajeros random de todo el mundo.

¿Cuántos hijos quieres tener y qué nombres les quieres dar? Nosotros:

* No sé si quiera tener hijos pero si fuera niño sería Carlos Santiago y si fuera niña, Katia.
* Tres: Brenda, Katherine y Fernando.

* A pesar de que no pienso tener hijos, sin duda los llamaría Gabriela o Gabriel, sería una gran forma de honrar a mi hermana.

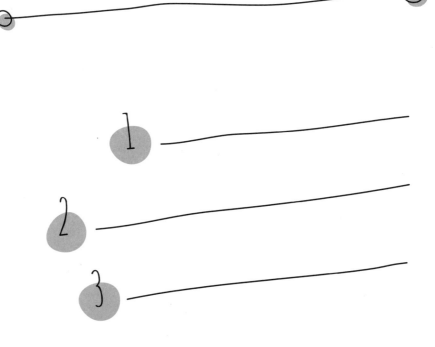

¿DE LA HISTORIA DE QUIÉN TE GUSTARÍA ENCARGARTE PARA QUE TRASCIENDA?

 **Nosotros:**

* De Felipe Villanueva, creador de música clásica que vivió en el tiempo de Juventino Rosas.
* De Las Patronas, mujeres que alimentan a los inmigrantes centroamericanos que viajan de polizontes en el tren "La bestia".
* La de Francisco Javier Mina, justo en el momento en el que sin su intervención, la independencia del país se hubiera ido a la mierda.

Tú:

¿QUÉ FANTASÍAS SEXUALES QUIERES REALIZAR? Nosotros: ▶ SEXO EN UNA IGLESIA O EN UNA CASA AJENA. ▶ TENER RELACIONES CON UN TOTAL DESCONOCIDO, EN UN PAÍS DESCONOCIDO, SIN CRUZAR UNA SOLA PALABRA ANTES. ▶ VER CÓMO MI PAREJA TIENE SEXO CON ALGUIEN MÁS.

Mientras no te lastimes, te hagas daño o te pongas en peligro, ¡vas! Odin

¿A QUÉ ANTIGUOS PROFESORES QUIERES VISITAR?

Tú:

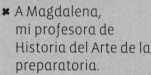

Nosotros:

- ✖ A Magdalena, mi profesora de Historia del Arte de la preparatoria.
- ✖ A mi querida maestra de Español de segundo de primaria.
- ✖ A Lupita, mi entrañable maestra de Psicología que supo cómo ubicarme en este mundo.

¿CON QUÉ ANIMALES QUIERES CONVIVIR?

Nosotros:

▶ SURICATOS.
▶ PINGÜINOS Y CANGUROS.
▶ OSOS PANDA.

Tú:

¿LA BIOGRAFÍA DE QUIÉN QUIERES LEER?

Nosotros:

▶ Charles Chaplin y Jean Reno. ▶ De los Romanov. ▶ De Orson Welles.

Tú:

¿DE QUÉ OBJETOS QUE HAY EN TU CASA TE QUIERES DESHACER?

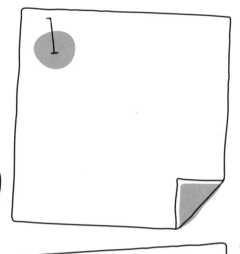

Nosotros:

* Ropa vieja, de hecho por esta pregunta acabo de decidir que esta noche lo haré.
* De una lámpara y de muchos muñecos de peluche.
* Periódicos y de la ropa de mi novio.

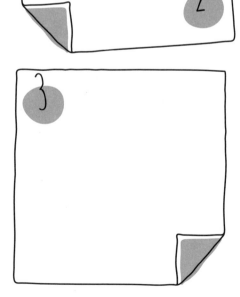

¿En qué cascadas te quieres bañar?

▶ En las de Iguazú y en todas las que hay en Hawaii. ▶ En El Chiflón en Chiapas. ▶ En las cascadas de Agua Azul en Chiapas y en las de Seljalandsfoss en Reikiavik, Islandia.

Tú:

¿QUÉ POSTRE QUIERES APRENDER A PREPARAR?

Tú :

Nosotros :

- ✖ Mousse de chocolate.
- ✖ Tarta de bombón helado y el pastel imposible.
- ✖ Soufflé de chocolate.

¿EN QUÉ OBRAS DE TEATRO TE GUSTARÍA ACTUAR?

 **Nosotros:** ▶ NO ME GUSTA ACTUAR.

▶ EN CUALQUIER MUSICAL.

▶ QUIERO SER YAGO EN OTELO.

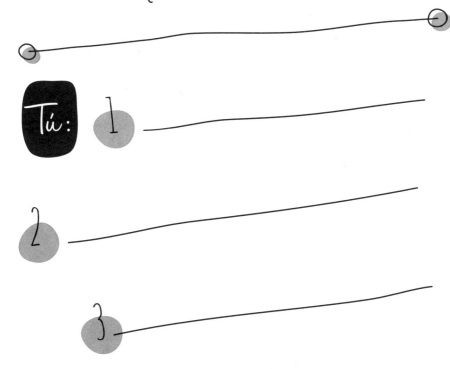

Tú: 1 _____

2 _____

3 _____

¿QUÉ CARRERAS QUIERES CORRER?

 Nosotros:

- ✖ Carrera en pro de la lucha contra el cáncer.
- ✖ Los 100 metros planos en los Juegos Olímpicos.
- ✖ El maratón de Boston, el de Nueva York, el de Londres y la Carrera del Día del padre del bosque de Tlalpan.

Tú:

¿QUÉ ERRORES NO QUIERES VOLVER A COMETER?

Nosotros:

* Abusar de un poder por el hecho de tenerlo, eso lo hice una vez y sólo me sentí mal. * Dar por hecho que no puedo hacer algo, sin siquiera intentarlo. * Abrir la boca sin pensar lo que debo decir. * No confiar en mí.

Tú:

¿QUÉ DESIERTO QUIERES CRUZAR?

 Nosotros: * La zona del silencio en Chihuahua. * El desierto frío Antártico. * El desierto de Gobi en Mongolia.

Tú:

¿QUÉ GRANDES AVENTURAS QUIERES EMPRENDER?

 **Nosotros :**

✖ Hacer un recorrido por tiempo indefinido y por ruta indefinida, solamente con mi coche y una mochila con lo básico. ✖ Dar la vuelta al mundo en un año. ✖ Abrir mi propio antro gay en una playa tropical.

 Tú :

¿EL ABRAZO DE QUIÉN TE GUSTARÍA SENTIR OTRA VEZ?

Nosotros: ♡ DE MI EX NOVIO. 🔒 DE MI SOBRINO, EL HIJO DE MI HERMANA. AMO SUS ABRAZOS TIERNOS, CÁLIDOS, SINCEROS Y TAN LARGOS QUE ME HACEN DESEAR QUE SEAN INFINITOS. 💀 EL DE LA CHATITA, MI ABUELITA MATERNA, CUMPLIRÁ 10 AÑOS DE MUERTA.

Tú:

Yo siempre abrazo mucho, mucho... No a todo mundo, claro, pero si me nace... Uff, agárrense. Odín

* Sólo sé que no me gustaría morir ahogado, asfixiado o a golpes.
* Mientras duermo.
* ¿Quién dijo que es algo que me gustaría? pero en realidad no me importa mientras sea dentro de por lo menos 45 años.

Tú :

¿QUÉ ERRORES QUIERES COMETER DE NUEVO?

Nosotros:

* Enamorarme de la misma persona otra vez. * Perder mi trabajo por irme de viaje con mis 3 hermanas.
* Quiero cometer una y otra vez, el error de confiar en toda la gente aunque después me decepcione.

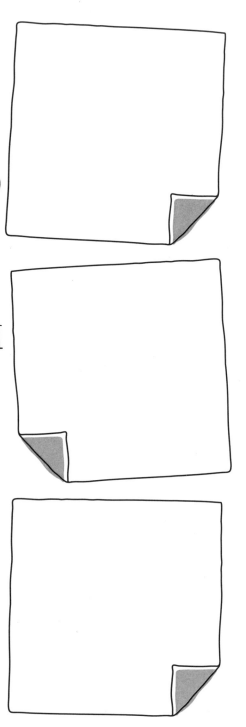

¿QUÉ GRANDES RETOS TE QUIERES PONER?

Nosotros :
- ✖ Crecer en el trabajo donde estoy.
- ✖ Aprender a ahorrar, ser mi propio jefe y tener una familia propia.
- ✖ Abrirme a conocer y convivir con más gente.

Tú :

_____

_____

_____

_____

_____

_____

_____

_____

_____

¿QUÉ HÁBITOS QUIERES DEJAR?

Nosotros:

- ✖ El hábito de darle mil vueltas a algo antes de hacerlo.
- ✖ Pensar por los demás.
- ✖ El hábito de hacerme manicure con la boca.

Tú:

Dibuja otro vicio

¿QUÉ PLAYAS NUDISTAS QUIERES VISITAR?

Nosotros: ▶ Zipolite en Oaxaca.

▶ Ninguna, asco ver gente que no conozco en pelotas.

▶ La Muscleria y Sitges en Barcelona.

Tú:

1 _____

2 _____

3 _____

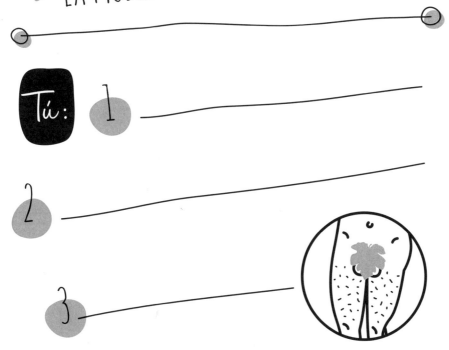

¿QUÉ POSICIONES SEXUALES TE GUSTARÍA PRACTICAR? Nosotros:

UNA DONDE LA CHICA ESTÁ EN CUCLILLAS Y METE LOS PIES POR DEBAJO DE UN COSTADO DEL HOMBRE. TODAS, SIEMPRE Y CUANDO ESTÉN LLENAS DE AMOR. EL HELICÓPTERO, LA BUTACA, LA AMAZONA Y LA SIRENA VOLADORA.

No, si en mi oficina hay expertos en todo. Odin

¿QUÉ POSTRES QUIERES PROBAR?

Nosotros:

* La crema catalana.
* Brochetas de frutas exóticas cubiertas de chocolate amargo, con nueces y trozos de caramelo.
* Tiramisú.

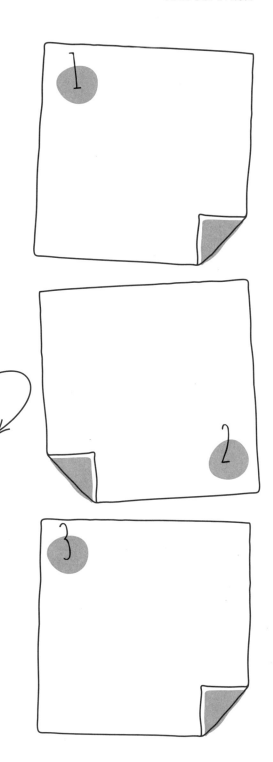

¿A QUÉ EXPEDICIONES TE QUIERES UNIR?

Nosotros:

* Caminar a través de la Selva Lacandona en Chiapas.
* Hacer rafting, rappel, cañonismo y acampar en Jalcomulco, Veracruz.
* Al Camino Inca.

¿A QUÉ FESTIVALES INTERNACIONALES QUIERES ASISTIR? Nosotros:

* Al Edinburgh International Magic Festival.
* Al World Shakespeare Festival en Inglaterra.
* Festival Internacional de Música de Cartagena.

Tú:

¿QUÉ CONSEJOS TE QUIERES DAR PARA EL FUTURO? Nosotros:

✖ Que sólo trabajando y siendo constante puedo lograr mis objetivos. ✖ Disfruta más todo y si ya has trabajado mucho tiempo, ¡descansa que no sólo venimos a eso!

✖ No te desquites de lo que te hizo alguien, con alguien más.

Tú:

¿QUÉ MONTAÑA QUIERES ESCALAR?

 **Nosotros :**

- ✖ El Pico de Orizaba.
- ✖ Quisiera hacer hiking en un cerro que está en la carretera a Morelia, mi papá me lo ha pedido ya casi por dos años.
- ✖ Realmente no quisiera escalar ninguna, pero me gustaría llegar en helicóptero a la cima del Everest.

 Tú :

¿QUÉ MUSEOS QUIERES CONOCER?

 El Louvre de París y el Museo de Historia Natural de Nueva York.

 El Hermitage en San Petersburgo.

 Museo del Prado y el Reina Sofía en Madrid.

 Tú:

¿EN QUÉ ESCUELAS QUIERES ESTUDIAR?
* GASTRONOMÍA EN THE CULINARY INSTITUTE OF AMERICA EN NUEVA YORK. * EN EL INTERCULTURAL MANAGEMENT INSTITUTE AT AMERICAN UNIVERSITY EN WASHINGTON, D.C. * COMPOSICIÓN EN EL CONSERVATORIO DI MUSICA GIUSEPPE VERDI EN MILÁN.

Tú:

¿EN QUÉ HOSPITALES TE QUIERES OFRECER COMO VOLUNTARIO? Nosotros:

✖ No me gustan los hospitales y jamás sería voluntario.
✖ Podría ser en algún hospital infantil.
✖ En uno de oncología o geriátrico para ayudar a la gente a bien morir.

Tú:

¿EN QUÉ SUBSTANCIA QUIERES NADAR?

Nosotros:

✖ En chocolate.
✖ En champagne.
✖ En gelatina, en cerveza y en puré de papas.

¡EN QUÉ TIENDA QUIERES COMPRAR?

 Nosotros :

* En Abercrombie de París.
* En Desigual en la sucursal de Milán.
* En cualquier tienda Camper en Alemania.

¿QUÉ DIETAS PARA MEJORAR TU SALUD QUIERES SEGUIR?

Nosotros:

▶ Alguna diseñada especialmente para mí de acuerdo a mi peso, estatura y salud.
▶ Quisiera ser crudívora o descubrir la dieta de Cher.
▶ Macrobiótica.

Tú:

¿QUÉ PINTURA TE GUSTARÍA HACER?

Nosotros:

* *La vendedora de flores* de Diego Rivera.
* Quiero tirar pintura y ya... a ver si me sale algo como a Pollock.
* Un autorretrato pero no necesariamente de cómo me veo sino de cómo me concibo.

Tú:

¿QUÉ HÁBITOS QUIERES ADQUIRIR?

 **Nosotros:**

✖ Ser más ordenado y disciplinado.
✖ Hablar sola.
✖ Leer todos los días por lo menos dos horas.

Tú:

_____

_____

_____

_____

_____

_____

_____

_____

_____

_____

_____

_____

_____

_____

_____

_____

¿QUÉ IDIOMAS QUIERES APRENDER?

Nosotros:
- ✖ Chino mandarín.
- ✖ Portugués, sé que no sirve para nada pero, ¡es tan melódico!
- ✖ Ruso, alemán, japonés, náhuatl y otomí.

Tú:

¡A QUÉ ANIMALES QUIERES ALIMENTAR?

Nosotros:

▶ A UN TIBURÓN Y A UN RINOCERONTE.

▶ A UN CABALLITO DE MAR.

▶ QUIERO ALIMENTAR A UN COCODRILO Y A UNA ANACONDA... SEGURO ME DISFRUTARÁN.

Tú:

¿QUÉ QUIERES CAMBIAR DE TU ESTILO DE VIDA?

Nosotros:

✖ Quiero ser un poco más formal en mi vestir.
✖ Quiero dedicar más tiempo a visitar lugares culturales.
✖ Quiero decidir no pasar tanto tiempo solo.

Tú:

¿QUÉ TRIUNFOS QUIERES REPETIR?

Nosotros:

✖ Presentarme como actor en un escenario.
✖ Estudiar una carrera universitaria que me apasiona. ✖ Tener un negocio propio y dirigir un equipo de trabajo.

Tú:

_____
_____
_____
_____
_____
_____
_____
_____
_____
_____
_____
_____
_____
_____
_____
_____
_____

¿QUÉ AUTOMÓVILES QUIERES CONDUCIR?

 **Nosotros:**
- ✖ Un Bentley, un Ferrari y un Lamborghini.
- ✖ Uno volador, como los de los Supersónicos. ✖ Una combi VW 1966 y una Land Rover 1975.

¿QUÉ CONSEJOS QUIERES DEJAR A LA SIGUIENTE GENERACIÓN?

Nosotros:

* Que la realidad es bien dura, que no se hagan pendejos y que le chinguen.
* A nadie le importas tanto, nadie te pone tanta atención, así que sé tú y ¡sé feliz con eso!
* Aprende a resolver problemas sin una computadora y acercándote a la gente.
* La vida es corta, no es tan terrible. Todo es relativo y depende de lo que elijas.

No lo dije yo, pero alguien en mi oficina me está poniendo mucha atención. Odin

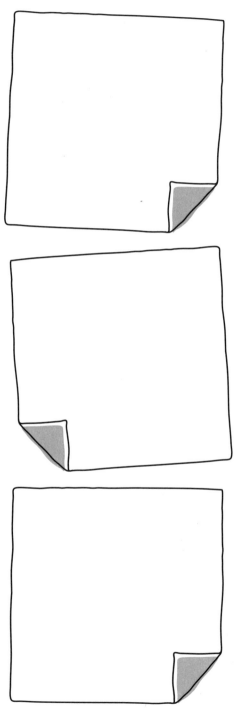

¿QUÉ FRACASOS NO QUIERES OLVIDAR?

Nosotros:

✖ Haber dejado la escuela. ✖ Haber engañado a un amor que no lo merecía, nunca lo quiero olvidar porque no quiero volver a hacerlo. ✖ Fracasar por querer hacer todo yo sola, sin ayuda.

Tú:

_____

_____

_____

_____

_____

_____

_____

_____

_____

_____

_____

¿QUÉ PELÍCULAS QUIERES TENER?

Nosotros:
* ✖ La Serpiente y el Arcoiris.
* ✖ Todas las de Johnny Depp.
* ✖ La princesa Mononoke.

Tú:

¿QUÉ PREMIOS TE GUSTARÍA RECIBIR?

Nosotros:

- ✖ ¿Un Xbox por mi buen comportamiento?
- ✖ El premio de Mujeres Progresistas en categoría Internacional, que otorga el Instituto Cervantes en España.
- ✖ Oscar (Original Score), Grammy (Best Classical Crossover Album) y Melate.

Tú:

_____

_____

_____

_____

_____

_____

_____

_____

_____

_____

_____

_____

_____

_____

¿QUÉ PUENTES QUIERES CRUZAR CAMINANDO?

1 ✖ El de la frontera con Estados Unidos.

2 ✖ Me gustaría caminar la Muralla China, sé que no es un puente, pero no sé de puentes.

3 ✖ El Fehmarn Belt Bridge entre Dinamarca y Alemania, el Nanpu en Shanghai y el Coronado en San Diego.

Tú:

¿QUÉ QUIERES APORTAR A LA COMUNIDAD? ▶ HACER UNA BRIGADA DE LIMPIEZA DE LAS CALLES. PEDIR A LAS DELEGACIONES LA INSTALACIÓN DE MÁS CONTENEDORES DE BASURA. ▶ RESPETO, SI LO ENTENDIÉRAMOS Y LO PRACTICÁRAMOS, SERÍA MÁS FÁCIL VIVIR EN COMUNIDAD. ▶ APOYAR A LA GENTE QUE SUFRE DISCRIMINACIÓN EN CUALQUIERA DE SUS FORMAS.

Tú :

¿QUÉ QUIERES COLECCIONAR?

Nosotros :

- ✖ Seguir coleccionando boletos de entrada a conciertos y espectáculos a los que he ido.
- ✖ Bolsas de mano.
- ✖ Películas, libros y partituras.

Tú :

¿QUÉ SEN- TIMIENTOS QUIERES EX- PERIMEN- TAR?

Tú:

_____

_____

_____

_____

_____

_____

_____

_____

_____

_____

_____

Nosotros:

* Terror.
* Me gustaría experimentar un sentimiento primitivo sin importar que sea ferocidad o amor, pero que sea inevitable e incontrolable.
* El amor por un hijo.

¿QUÉ IMPLEMENTARÍAS PARA TENER UN MEJOR SISTEMA EDUCATIVO?

Nosotros:

✖ Una mejor cultura en casa acerca de la escuela y el estudio.

✖ Implementaría como materias obligatorias para aprobar: ecología, inteligencia emocional y nutrición.

✖ Actividades artísticas obligatorias en todas las escuelas. Consciencia de culturas distintas a la nuestra, conocer de sus costumbres, religiones e idiomas.

Tú:

¿QUÉ PLATILLOS EXÓTICOS QUIERES DEGUSTAR?

 **Nosotros:**
- ✱ Barbacoa de iguana.
- ✱ Alguno con verduras y frutas que jamás haya visto o probado.
- ✱ La Pasta from hell, la pasta más picante del mundo que preparan en East coast grill.

¿QUÉ RÍOS QUIERES NAVEGAR?

 **Nosotros:**

✖ El Nilo. ✖ Quisiera navegar el río del Cañón del Sumidero (Grijalva) en un bote a solas con mi novio. ✖ Ninguno, me dan miedo los ríos.

¿QUÉ SECRETOS QUIERES REVELAR?

Nosotros:

- ✱ Que odio al marido de mi mejor amiga. Ups, ya lo dije.
- ✱ No quiero revelar ninguno, quiero tener más.
- ✱ De un cierto ex novio de una amiga, que se acostó con el amigo de otro amigo, mientras andaba con mi amiga.

Tú:

¿QUÉ SENTIMIENTOS QUIERES MODERAR?

Nosotros :

- ✖ La emoción, cuando estoy en ese estado no puedo ocultar nada y soy muy abierto.
- ✖ Mi enojo.
- ✖ Me gustaría moderar mis lagrimales.

Tú :

¿QUÉ VEHÍCULOS QUIERES APRENDER A MANEJAR?

Nosotros:

- ✖ Un avión.
- ✖ Un tren.
- ✖ Un trailer, un tractor y un pesero.

Tú:

¿QUÉ PELÍCULA TE GUSTARÍA DIRIGIR?

Nosotros:

✖ Una de terror donde haya muchísima sangre.
✖ Una comedia con Mr. Bean.
✖ Una que hable del temblor del 85.

Tú:

¿QUÉ TE GUSTARÍA HACER PARA QUE NUESTROS GOBIERNOS SEAN MEJORES?

Tú:

_____
_____
_____
_____
_____
_____
_____
_____
_____
_____
_____
_____
_____
_____

Nosotros:

✳ Quitar la corrupción y hacerlos en verdad partícipes de lo que ocurre en nuestro país. ✳ Quitar a todos los diputados y senadores que no necesitamos, o sea al 50%. ✳ En vez de sólo quejarme, investigar qué herramientas de monitoreo y denuncia puedo usar para exigir a los dirigentes que cumplan lo que prometieron.

¿QUÉ TRABAJOS QUIERES HACER?

* De gigoló.
* Organizar y coordinar un evento masivo.
* Me gustaría que me pagaran por ir al teatro, a conciertos de música culta, a espectáculos de danza, al circo, a museos, a foros experimentales, a exposiciones fotográficas y también a restaurantes mamones... todo, para escribir mi opinión de la experiencia de estar ahí y de mi concepción de la intención del intérprete, creador o artista: sueño dorado.

¿QUÉ VIAJES POR CARRETERA QUIERES HACER?

- ✖ En mi motocicleta, un viaje largo desde la Ciudad de México hasta Baja California.
- ✖ Manejar hasta Alaska y no regresar hasta haber visto la aurora boreal.
- ✖ Alrededor de todo México.

Tú:

¿POR CUÁLES CARRETERAS QUIERES CONDUCIR?

 :
* Por La Rumorosa, me encantan las curvas.
* Por toda la costa griega.
* Por las de terracería con un Jeep 4x4.

 :

Tú :

* De shorts, playera y tenis.
* Con un vestido púrpura de mangas tres cuartos y largo hasta la mitad de la pantorrilla.
* No quiero vestir en mi funeral, que me entierren, incineren o conserven en formol, desnuda.

¿QUÉ CUESTIONAMIENTOS QUISIERAS RESOLVER? *Nosotros* : ▶ ¿POR QUÉ EXISTO? ¿A QUÉ CHINGADOS VENIMOS AL MUNDO? ▶ ¿POR QUÉ NOS QUEREMOS SIEMPRE CHINGAR LOS UNOS A LOS OTROS? ▶ ¿PODRÍAMOS VIVIR COMO CAVERNÍCOLAS OTRA VEZ?

Tú :

¿QUÉ CONSEJOS LE QUIERES DAR A UNA MUJER EMBARAZADA?

Nosotros:

✖ Que tome ácido fólico y que ni siquiera se acerque a algún fumador y ni una sola gota de alcohol. ✖ Que duerma tranquila porque una vez que nazca... jamás. ✖ A tu hijo, ayúdalo, ámalo, pero nunca te tomes la atribución de decidirle el futuro porque te vas a frustrar cuando haga lo que él quiera.

Tú:

_____

_____

_____

_____

_____

_____

_____

_____

_____

_____

_____

¿QUÉ CANCIONES QUIERES QUE TOQUEN EN TU FUNERAL

Tú:

Nosotros:

- ✖ "Que me entierren con la banda" de Antonio Aguilar.
- ✖ "Le Train" de Dante Agostini.
- ✖ Quiero, mínimo, una orquesta de cuerdas y un coro mixto para que canten el Réquiem de Luigi Cherubini.

¿CÓMO QUIERES MANEJAR LAS RELACIONES DIFÍCILES CON LAS QUE TIENES QUE LIDIAR EN TU VIDA?

 **Nosotros:**

* Me encantaría darles la vuelta y no tomarlas en cuenta.
* Con un chingo de paciencia.
* Ser políticamente correcto.

 Tú:

¿QUÉ QUIERES PERDONARTE?

✖ El haber sido un mal hijo en una etapa difícil de mi vida.
✖ No poder ser perfecta y no poder tener todo bajo control.
✖ Abandonar actividades por razones emocionales.

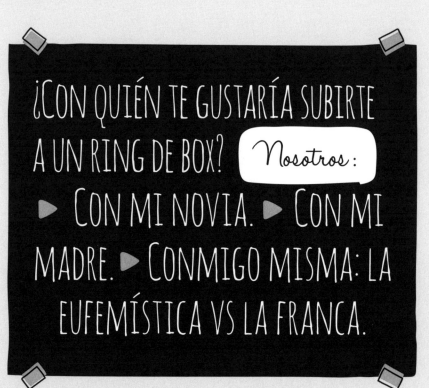

¿CON QUIÉN TE GUSTARÍA SUBIRTE A UN RING DE BOX? *Nosotros:* ▶ CON MI NOVIA. ▶ CON MI MADRE. ▶ CONMIGO MISMA: LA EUFEMÍSTICA VS LA FRANCA.

¿EN QUÉ QUIERES CREER?

 **Nosotros:** ▶ EN LAS HADAS Y DUENDES.

▶ EN DIOS. ME ENCANTARÍA QUE EXISTIERA.

▶ EN LA REENCARNACIÓN Y EN LOS ESPÍRITUS CHOCARREROS (POLTERGEIST).

Tú: 1 _____

2 _____

3 _____

¿EN QUÉ CIUDADES QUIERES PERDERTE?

Nosotros:

* ✖ En Guanajuato, en Taxco y en Oaxaca.
* ✖ En Río de Janeiro.
* ✖ En Singapur, en Tokio y en Nueva York.

Tú:

¿QUÉ QUIERES DEJAR DE POSPONER?

 **Nosotros :**

- ✖ Experimentar con mi cámara y convertirme en un fotógrafo excepcional.
- ✖ Ir a terapia.
- ✖ Cambiarme el look y terminar de leer todos los libros que tengo comenzados.

 **Tú :**

¿EN QUÉ QUIERES DEJAR DE CREER?

Nosotros :

* En que todo el mundo es mentiroso.
* En que voy a morir joven.
* Quiero dejar de creer que las morales religiosas rigen el mundo.

Tú :

¿ACERCA DE QUÉ TE GUSTARÍA HABLAR ANTE EL PLENO DE LA ONU?

Nosotros:

✖ De los monopolios que existen en nuestro país.

✖ De que no puede ser que se gaste más dinero en tratar la diabetes, que en niños desnutridos. Que no puede ser que en el siglo XXI todavía haya gente muriendo por falta de agua, medicina o alimentos. ✖ No tengo idea, no sé de qué sirve.

Tú:

¿Qué quieres decirte en una carta que escribieras hoy y la pudieras abrir en 10 años?

• Aquí no hay respuestas porque mi gente escribió cartas tan largas que si las pongo salen dos libros... especialmente de Idalia que entre respuestas, cartas y agradecimientos, hacemos tres tomos.

Tú:

¿QUÉ TE FALTA APRENDER?  Nosotros:

* Lo que más me falta, es aprender a convivir con gente.
* A mí me encanta saber de todo, por lo cual me falta aprender muchísimo más de arte, de literatura, de historia, de religiones, de psicología y de sociología.
* Me falta aprender cómo tener una relación duradera.

Tú:

¿A QUIÉN QUIERES AGRADECER?

Tú :

Nosotros :

* A mi madre que me crió sola y nunca me faltó nada.
* A mi papá que siempre ha sido comprensivo y cariñoso.
* A mis padres porque siempre que he nadado en lodo, me han hecho un mapa para salir del pantano; y también por acoger mis excentricidades y presumirlas.

¿QUÉ TE FALTA PARA SER FELIZ?

Tú:

_____

Nosotros:

* Percibo la vida como una madeja enredada de circunstancias que en ocasiones puedo ir desenrollando eufórica y con facilidad; una madeja que cuando llego a un nudo y me atoro, me hace enojar; que cuando rompe un hilo me hace llorar... pero, tener la consciencia de que puedo desamarrar los nudos, zurcir las roturas y seguir tejiendo mi vida, me hace profundamente feliz
* 100 pesos.
* Creo que un hijo me vendría muy bien.

¿QUÉ NECESITARÍAS HACER PARA CONOCERTE A LA PERFECCIÓN? Nosotros:

▶ ACEPTAR MIS DEFECTOS COMO ACEPTO MIS VIRTUDES. ▶ ¡TERAPIA, TERAPIA, TERAPIA, TERAPIA! ▶ EXPONERME A CIRCUNSTANCIAS EXTRAORDINARIAS PARA CONOCER MIS REACCIONES.

Tú:

¿CUÁLES TE GUSTARÍAN QUE FUERAN TUS ÚLTIMAS PALABRAS Y A QUÉ EDAD?

Nosotros :

Tú :

* Me gustaría que fuera como a los ochenta y decir: ¡Qué rico me la pasé!
* "Te amo, fui muy feliz y no guardo rencor alguno a nadie... ojalá haya algo más después de esta vida, y si es así prometo venirles a avisar"
* A los 70 años decir: Nos vemos en un ratito.
* "No me ha dolido nada, me siento muy bien, me la he pasado muy a gusto, me voy a dormir un ratito". A los 90 años Odin.

Ahora te toca a ti agregar tus preguntas

¡   ?

_____

_____

_____

_____

_____

_____

_____

_____

_____

_____

_____

¿   ?

_____

_____

_____

_____

_____

_____

_____

_____

_____

_____

_____

_____

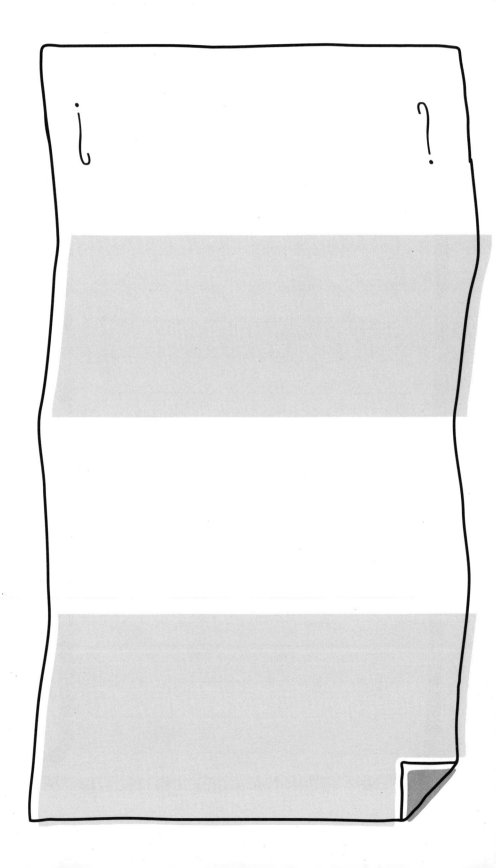